Cla
Valéry

Tout est bon
dans *l'huile*
d'olive

Photographies de Jeanne Duprat

ÉDITIONS SUD OUEST

Huile d'olive

pratique

-------------Choisir une huile-----------

La qualité de l'huile d'olive varie selon son acidité et la façon dont elle a été extraite. L'**huile d'olive vierge extra** est la meilleure, pour la santé comme pour les papilles, particulièrement lorsqu'elle est issue de l'agriculture biologique. Elle est exprimée de façon mécanique, à froid, sans aucun additif. C'est le cas également de l'**huile d'olive vierge** (ou « huile d'olive vierge fine ») et de l'huile d'olive vierge dite « courante », celles-ci ayant néanmoins des taux d'acidité plus élevés et un intérêt gustatif moindre. Les **huiles raffinées** (chauffées), quant à elles, perdent en goût et en qualité.

De nombreux pays, notamment méditerranéens, sont traditionnellement producteurs d'huile d'olive. Chaque région a ses particularités, à commencer par les variétés d'oliviers plantés. Des appellations d'origine (AOC, AOP) préservent les caractéristiques locales et les terroirs.

Les huiles d'olive présentent des **nuances de couleurs**, du doré au vert sombre, et leurs ca-

4 à 5 kilos d'olives sont nécessaires pour produire 1 litre d'huile. Pressées avec les noyaux, elles donnent un mélange de jus aqueux et d'huile que l'on fait décanter ou que l'on passe à la centrifugeuse de façon à séparer l'huile de l'eau.

ractéristiques gustatives sont aussi très variées, notamment le fruité, l'amertume, l'ardence (côté piquant qui se remarque au fond de la gorge). L'idéal, avant de choisir son huile, est donc de la goûter !

Pourquoi ne pas choisir une huile d'olive vierge extra légère pour la **cuisson**, les **soins santé** et **beauté** ainsi que la **maison**, et une autre huile d'olive vierge extra, plus fruitée et savoureuse, pour l'**assaisonnement**, les **condiments** et autres **utilisations à froid** ?

Conserver
l'huile d'olive ------------

L'huile d'olive se garde **12 à 18 mois** à l'abri de la lumière et de la chaleur. Au-dessous de 8 °C, elle se fige et devient opaque. Ceci n'altère en rien ses qualités gustatives et nutritionnelles.

Mariner
dans l'huile ----------------

L'huile d'olive offre son bain délicieux à de nombreux produits, qui y marinent avec ou sans aromates (herbes, épices, ail, piments). Gousses d'ail, fromages de chèvre affinés, saucisses sèches, basilic, poivrons (voir page 16), artichauts poivrade (préalablement cuits), citrons (dégorgés

au sel), tomates (séchées au soleil), carpaccio de saumon ou de bœuf (voir page 24)… Chacun de ces produits voit son goût mis en valeur par la délicatesse de l'huile d'olive.

Celle-ci ne permet pourtant pas une conservation longue durée : mieux vaut **manger rapidement les produits marinés non secs** tels que légumes, herbes fraîches ou fromages, pour éviter que ne se développent moisissures et bactéries.

LE SAVIEZ-VOUS ?

 L'huile d'olive convient tout à fait à la cuisson, et supporte mieux la chaleur que la plupart des corps gras. En effet, huile de tournesol ou beurre deviennent néfastes à une température bien inférieure à celle de l'huile d'olive, dont le point de fumée est entre 210 et 230 °C.

Les vertus de l'huile d'olive

L'huile d'olive vierge extra est **riche en acides gras essentiels**, et **pauvre en acides gras saturés**, c'est pourquoi elle est si bonne pour la santé. Elle contient en quantité de la **vitamine E** – excellente pour les tissus et les organes –, et a un fort pouvoir antioxydant. L'acide oléique qu'elle contient contribue à la croissance et à l'entretien du squelette.

Les études prouvent que les populations favorisant l'huile d'olive par rapport à d'autres graisses, celles suivant le **régime crétois** par exemple, souffrent moins de maladies cardio-vasculaires... Elle permet également de lutter contre les désordres de la digestion.

Outre ses emplois en cuisine, l'huile d'olive, très hydratante, est une **base cosmétique** indispensable depuis l'Antiquité.

Il est bon de prendre l'habitude d'introduire dans l'alimentation quotidienne l'huile d'olive, crue ou cuite, à la place d'autres matières grasses. Toutefois, même si l'huile d'olive vierge extra est un des corps gras les meilleurs pour notre santé, une consommation de lipides en trop grande quantité n'est pas recommandée. Pour mieux la doser, verser l'huile d'olive dans un flacon spray ou un flacon verseur.

Tout est Bon dans l'huile d'olive

{cuisine}

L'huile aux aromates

préparation:
5 min

macération:
2 semaines

* * *

Ingrédients
pour 50 cl:

- 50 cl d'huile d'olive
- 5 grains de poivre
- 3 branches de thym sec
- 2 feuilles de laurier sec

Tremper une bouteille en verre pendant quelques minutes dans l'eau bouillante. Laisser égoutter goulot vers le bas.

Introduire les aromates dans la bouteille sèche, puis recouvrir d'huile. Fermer et laisser macérer pendant 2 semaines minimum, à l'abri de la lumière et de la chaleur.

Cette huile aux aromates s'utilise pour assaisonner les salades, en filet sur une viande après cuisson, en marinade avant cuisson, et dans de nombreux autres plats, de la bruschetta à la purée à l'huile d'olive. Elle se conserve 1 an.

Du romarin, des graines de coriandre ou des baies roses peuvent être ajoutés aux aromates. Tous doivent être parfaitement secs, afin d'éviter l'apparition de moisissures et le développement de bactéries.

L'huile pimentée, utilisée notamment pour les pizzas ou les pâtes, se prépare avec les mêmes ingrédients (thym et/ou romarin, laurier, poivre), auxquels on ajoute de petits piments secs en poudre (de 1 à 3 c. à c. selon les goûts).

Une autre recette d'huile parfumée consiste à déposer dans l'huile d'olive un peu d'huile essentielle comestible (citron, basilic, fenouil…). Pour 25 cl d'huile, compter entre 3 et 6 gouttes, selon la puissance de l'arôme choisi et le résultat recherché. À noter que le parfum prend de l'ampleur avec le temps.

La tapenade

préparation:
5 min

* * *

Ingrédients
pour 1 bol :

- 200 g
  d'olives
  noires
  nature
  dénoyautées
- 1 c. à s. de
  câpres
- 3 filets
  d'anchois
  à l'huile
  (facultatif)
- 3 c. à s.
  d'huile
  d'olive
- poivre

Dans un mortier (ou dans le bol d'un mixeur), écraser les olives avec l'huile. Ajouter les câpres et les anchois égouttés, écraser à nouveau. Selon les goûts, on optera pour une texture plus ou moins grossière.

Ajouter un peu de poivre, et servir sur des toasts de pain grillé, ou encore sur une bruschetta (voir page 18).

Recouverte d'une épaisse couche d'huile d'olive, la tapenade se conserve plusieurs semaines au réfrigérateur.

Le choix de l'olive est primordial : elle doit être de bonne qualité, conservée en saumure ou dans l'huile, et pas trop salée (éviter les olives à la grecque).

Un filet de jus de citron ou de vinaigre, ½ gousse d'ail cru, 1 c. à c. de cognac ou un peu de thym frais donneront encore plus de saveur à cette savoureuse purée au goût de Sud.

Le caviar d'aubergine

préparation:
10 min
cuisson:
45 min
* * *

Ingrédients
pour 1 bol :

- 2 grosses aubergines
- 2 c. à s. d'huile d'olive
- 1 c. à s. de jus de citron
- ½ gousse d'ail

Laver les aubergines et piquer leur peau avec la pointe d'un couteau, sans les éplucher. Faire cuire au four à 180 °C (th. 6), sur la grille, pendant 45 minutes. Laisser tiédir. Ouvrir les fruits en deux et récolter la chair cuite à la cuillère.

Éplucher et dégermer l'ail, extraire sa pulpe au presse-ail. Écraser la chair d'aubergine à la fourchette, ajouter le jus de citron et l'ail.

Verser l'huile en filet tout en mélangeant énergiquement, jusqu'à obtention d'une émulsion homogène. Un mixeur peut également être utilisé, il donnera une préparation plus lisse.

Pour varier les saveurs, assaisonner avec 2 pincées de cumin, ou ajouter 1 c. à s. de graines de sésame.

Le caviar d'aubergine fait partie du mezze, cet assortiment de petits plats à picorer des cuisines libanaise et turque. Pour un repas traditionnel, on peut l'assortir d'houmous, de taboulé, de feuilles de vigne farcies, de falafels, le tout servi avec du pain plat (pita).

Ce caviar végétarien se savoure aussi à l'apéritif, sur un toast ou dans un bol où l'on trempera crudités et gressins.

préparation:
20 min
cuisson:
30 min
marinade:
2 h

★★★

Ingrédients
pour 👤👤👤👤:

- 2 poivrons
- 8 cl d'huile d'olive
- 1 gousse d'ail
- quelques feuilles de basilic ou de coriandre
- sel, poivre

Les poivrons à l'huile

Préchauffer le four à 180 °C (th. 6). Laver les poivrons puis les enfourner, entiers, pour 30 minutes environ. À la sortie du four, les enfermer dans un sac une quinzaine de minutes pour faire décoller la peau.

Peler les poivrons, les épépiner et les couper en lanières. Les disposer sur un plat, bien étalés. Saler, poivrer, ajouter les aromates puis couvrir d'huile d'olive. Laisser mariner 2 h au réfrigérateur.

Servir avec des pâtes arrosées de l'huile de marinade. Égouttés, les poivrons se marieront bien avec du fromage de chèvre ou de brebis mi-affiné, ou encore avec des anchois.

Les poivrons de cet antipasto sont aussi délicieux braisés au barbecue avant d'être pelés.

préparation:
10 min

* * *

Ingrédients
pour :

- 4 tranches de pain larges et épaisses
- 4 tomates
- 200 g de mozzarella
- 5 cl d'huile d'olive
- 1 gousse d'ail
- 2 c. à s. de tapenade (voir page 12)
- herbes aromatiques (ciboulette, persil et basilic, ou thym et romarin)
- sel et poivre

Les bruschettas

Ébouillanter les tomates entières pendant 30 secondes, puis les peler et les détailler en petits morceaux. Égoutter puis assaisonner avec 2 c. à s. d'huile, un peu de sel, de poivre et 1 c. à c. d'herbes aromatiques.

Toaster légèrement les tranches de pain, au four ou au grille-pain. Les frotter avec la gousse d'ail coupée en deux, puis les badigeonner d'huile au pinceau avant d'y tartiner une couche de tapenade. Couper de fines tranches de mozzarella, les déposer sur le pain. Recouvrir de tomate concassée, décorer avec une olive ou quelques herbes, puis servir avec une salade.

La nature du pain a son importance pour la bruschetta : choisir une belle boule de pain de campagne, bien fraîche, à trancher soi-même.

La bruschetta (prononcer « brusketta ») est une recette italienne traditionnelle. Il existe des variantes dans d'autres pays qui cultivent tomates et olives. C'est le cas en Espagne, avec le pain à la catalane, où la tomate est simplement frottée sur le pain huilé. Dans de nombreuses régions productrices d'olives, dans le sud de la France notamment, on aime déguster l'huile sur un morceau de pain frotté d'ail frais ou d'anchois.

Le cake aux olives

préparation:
10 min
cuisson:
45 min
* * *

**Ingrédients
pour 1 cake:**

- 170 g de farine
- 130 g d'olives vertes dénoyautées
- 100 g de jambon fumé
- 75 g d'emmental râpé
- 3 œufs
- 10 cl d'huile d'olive
- 10 cl de lait
- 1 sachet de levure chimique
- poivre

Préchauffer le four à 180 °C (th. 6). Couper le jambon en petits morceaux.

Verser la farine dans un saladier avec la levure. Creuser un puits et y casser les œufs. Délayer avec le lait et l'huile jusqu'à obtenir une pâte lisse, poivrer. Ajouter alors le fromage râpé, les olives et le jambon.

Graisser un moule à cake, y verser la préparation et enfourner 45 minutes.

Ce cake se déguste à l'apéritif, en petits cubes, ou en entrée avec une salade.

Varions les plaisirs: le jambon peut être remplacé par des lardons, le lait, par du vin blanc sec, les olives vertes, par des olives noires nature, l'emmental, par de la feta, et 3 c. à s. de pesto peuvent être ajoutées à la préparation…

Les légumes rôtis

préparation:
10 min
cuisson:
30 min
***

Ingrédients
pour :

• 1 courgette
• 1 aubergine
• 1 poivron
• 4 gousses
d'ail
• 5 cl d'huile
d'olive

Préchauffer le four à 180 °C (th. 6). Laver les légumes sans les éplucher (pas même les gousses d'ail, qui cuiront dans leur peau). Débarrasser le poivron des graines et de la peau blanche qu'il contient, le détailler en lamelles larges d'1 cm. Tailler la courgette et l'aubergine en bâtonnets d'1,5 cm d'épaisseur environ.

Graisser une plaque de cuisson à l'huile d'olive avant d'y déposer les légumes, en une seule couche. Avec un pinceau ou un spray, les badigeonner d'huile. Répartir les gousses d'ail entre les légumes, et enfourner pour 30 minutes. Retourner à mi-cuisson. Saupoudrer de sel et de poivre avant de servir.

Sous sa « chemise », l'ail aura communiqué un peu de son parfum aux légumes. Dans l'assiette, on pourra encore presser la gousse pour en extraire la délicieuse chair compotée.

L'arôme du thym et du romarin, parsemés sur les légumes avant leur passage au four, se marie bien avec celui de l'ail.

En hiver, rôtir de la même façon pommes de terre, patates douces (en brossant soigneusement leurs peaux) et oignons.

préparation :
5 min

***

Ingrédients
pour :

- 300 g de bœuf en tranches très fines (filet, rumsteck)
- 8 c. à s. d'huile d'olive
- 1 citron
- 20 g de parmesan
- sel et poivre

Le carpaccio de bœuf

Dans chaque grande assiette, verser 1 c. à s. d'huile d'olive, 1 c. à s. de jus de citron, 1 pincée de sel et un peu de poivre. Répartir dessus les tranches de bœuf, puis les couvrir de la même marinade, en quantité équivalente.

Prélever avec un économe des copeaux de parmesan et les poser sur la viande avant de servir.

Demander au boucher de découper les tranches de bœuf, ou procéder avec un couteau parfaitement aiguisé, après avoir raffermi la viande, roulée et serrée dans un film plastique, 1 heure au congélateur.

Le poivre peut être remplacé par des baies roses écrasées, et un peu de ciboulette ou de tige d'oignon nouveau émincé relèveront le carpaccio.

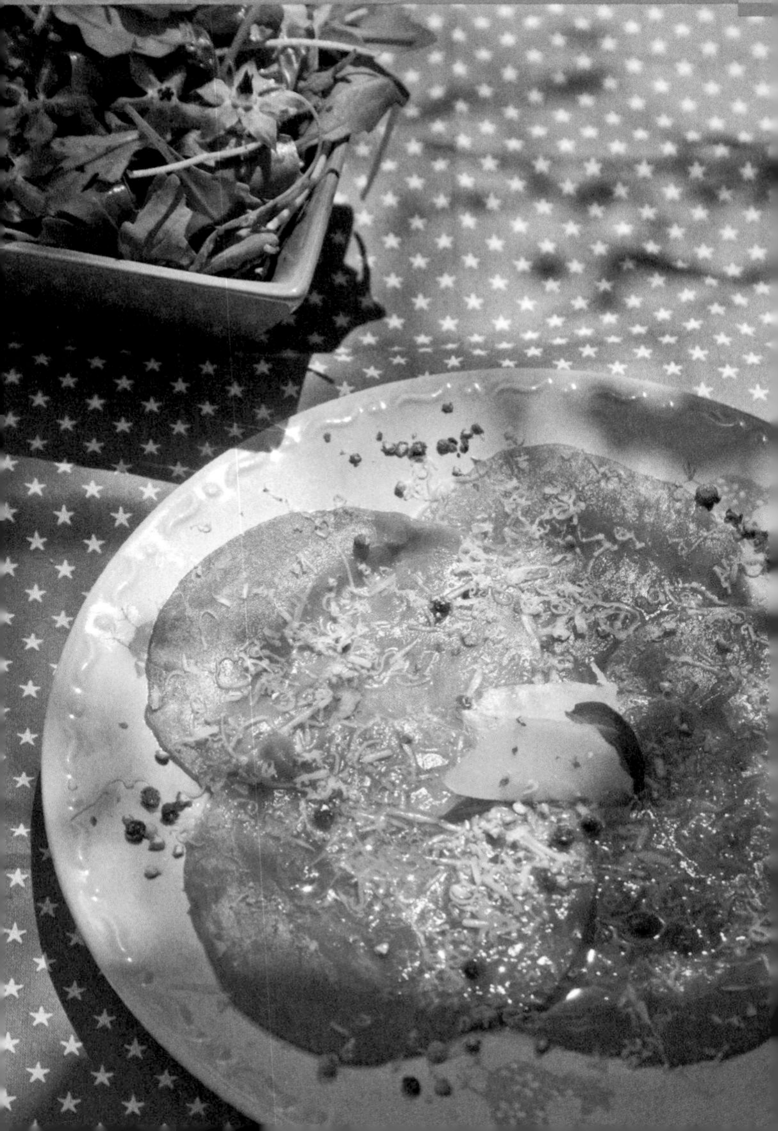

préparation:
10 min
cuisson:
30 min
* * *

Ingrédients
pour 🌶🌶🌶🌶 :

- 1 kg de pommes de terre de type bintje
- 10 cl d'huile d'olive
- 10 cl de lait
- sel
- poivre

La purée de pommes de terre à l'huile d'olive

Laver les pommes de terre, les mettre entières avec leur peau dans une casserole d'eau bouillante. Laisser cuire à petits bouillons pendant 30 minutes.

Les égoutter, les éplucher et les écraser au presse-purée. Ajouter le lait et l'huile, assaisonner.

La pomme de terre cuite à l'eau est une excellente source de glucides qui, contrairement aux idées reçues, ne fait pas grossir lorsqu'elle n'est pas associée à une quantité disproportionnée de lipides. Ici, l'huile d'olive remplace avantageusement le beurre.

Pour une touche encore plus méditerranéenne, assaisonner avec un peu de tapenade et/ou une gousse d'ail écrasée, et servir avec du basilic frais.

préparation :
15 min
cuisson :
12 min
Attente :
1 h

* * *

Ingrédients
pour 20 pièces :

- 150 g de
  farine
- 30 g de
  parmesan
  en poudre
- 50 g de
  basilic
  haché
- 50 g de
  beurre salé
  mou
- 7 cl d'huile
  d'olive
- 1 œuf
- sel, poivre

Les sablés
huile d'olive-basilic

Mélanger dans un saladier la farine, le parmesan, le basilic, le sel et le poivre. Ajouter le beurre et l'huile d'olive et pétrir cette pâte à la main. Ajouter l'œuf, former une boule et la réserver au frais 1 h minimum.

Préchauffer le four à 180 °C (th. 6).

Étaler la pâte au rouleau pour obtenir une épaisseur d'environ 4 mm. Avec un emporte-pièce (ou un verre retourné), découper les sablés. Piquer chacun d'eux avec une fourchette.

Les disposer sur une plaque de cuisson recouverte de papier sulfurisé et enfourner 12 minutes.

Ces sablés se dégustent tièdes à l'apéritif, et on peut éventuellement les garnir d'une fine couche de tapenade (voir recette page 12).

La pompe à l'huile

préparation: 15 min

repos: 3 h

cuisson: 15 min

* * *

Ingrédients
pour 1 brioche:

- 250 g de farine
- 60 g de sucre
- 1 sachet de levure de boulanger
- 12 cl d'eau
- 5 cl d'huile d'olive
- 1 citron ou 1 orange
- 1 c. à s. d'eau de fleur d'oranger
- ½ c. à c. de sel

Verser la farine et la levure dans un grand saladier. Ajouter le sucre, puis le sel. Délayer avec l'eau et pétrir 5 minutes. Former une belle boule, la laisser lever dans un endroit tiède pendant 2 heures.

Prélever le zeste d'agrume avec une râpe fine et l'ajouter à la pâte. Y verser également l'huile d'olive et l'eau de fleur d'oranger. Pétrir à nouveau de façon à ce que la pâte absorbe l'huile.

Sur une plaque, donner à la pompe sa forme traditionnelle, soit un disque épais de 2 cm, traversé par 5 entailles. Laisser encore lever pendant 1 heure au moins : la pâte doit doubler de volume.

Faire cuire 15 minutes dans un four préchauffé à 180 °C (th. 6).

Le mot « pompe » désigne, dans le sud de la France, plusieurs sortes de brioches et tourtes. La pompe à l'huile fait partie des treize desserts du Noël provençal, et s'accompagne de vin cuit.

Parfumée et sucrée, cette brioche s'appréciera au petit-déjeuner ou au goûter, nature ou garnie de confiture.

La glace abricot-huile d'olive

préparation:
5 min
congélation:
3 à 4 h

* * *

Ingrédients
pour ◆◆◆◆:

- 3 abricots
- 20 cl de lait entier
- 10 cl de crème entière liquide
- 4 c. à s. de sucre
- 2 c. à s. d'huile d'olive
- 2 c. à c. de romarin sec

Dans le bol d'un mixeur, réduire le romarin en poudre, réserver. Verser lait, crème et sucre dans ce même bol, et mélanger quelques dizaines de secondes pour faire mousser. Ajouter enfin les fruits et la poudre de romarin, mixer jusqu'à obtenir un mélange homogène.

Faire prendre la glace à la sorbetière, ou, à défaut, la mettre au congélateur une demi-journée, en la mélangeant 2 fois au cours de la congélation pour éviter la formation de cristaux d'eau.

Pour la santé et pour le goût, il est prudent de consommer la glace maison dans les 2 jours. Penser à la sortir du congélateur une dizaine de minutes avant de la servir.

Hors saison, des fruits en conserve pourront remplacer les frais.

Cette glace maison est du plus bel effet décorée d'une branche de romarin frais et accompagnée d'un coulis de fruits rouges ou d'abricots rôtis.

Tout est Bon
dans l'huile d'olive
{ santé }

2 astuces
pour la digestion

L'huile d'olive est un corps gras facile à assimiler, qui stimule le système digestif (estomac, vésicule biliaire) et favorise le transit intestinal.

Pour doubler ses effets, penser à associer l'huile d'olive à un peu de basilic frais, également bénéfique pour la digestion.

-----------------Constipation---------------

Prendre 1 c. à s. d'huile d'olive au réveil améliore le transit intestinal. Ajouté à la consommation de produits riches en fibres, ce remède naturel peu agressif ne tardera pas à se montrer efficace. Les problèmes de constipation chroniques seront eux aussi atténués si on favorise l'utilisation d'huile d'olive au quotidien.

---------- Lendemains difficiles --------

En prévision d'un repas copieux et arrosé, ingérer 1 c. à s. d'huile d'olive. Celle-ci ralentira l'absorption de l'alcool et stimulera la digestion, limitant ainsi les effets secondaires désagréables du lendemain.

4 soins de la peau

----------- Irritation du rasage ----------

L'effet hydratant et émollient de l'huile d'olive protège la peau des irritations dues au rasage. Masser le visage avec l'équivalent d'1 c. à c. d'huile d'olive avant de se raser comme d'habitude (l'application de l'huile ne remplaçant pas l'utilisation de la mousse).

-------------------- Gerçures --------------------

L'huile d'olive est un remède naturel pratique et efficace pour protéger la peau des agressions extérieures avant une exposition au vent, au froid ou au soleil. Ce remède fonctionne également pour lutter contre les gerçures et douleurs des mamelons lors de l'allaitement : appliquer localement, en petite quantité, et nettoyer le mamelon avant la tétée.

-------------------- Psoriasis --------------------

Les désagréments de cette maladie de la peau peuvent être soulagés par des massages de la zone concernée (peau, cuir chevelu) avec de l'huile d'olive tiédie.

------------------ **Vergetures** -----------------

Grossesse et prise de poids mettent à l'épreuve l'élasticité de la peau. Pour préserver celle-ci, masser les zones menacées (ventre, seins, cuisses, hanches) une à deux fois par jour avec de l'huile d'olive qui peut être parfumée à la lavande ou à la pâquerette (voir page 46).

préparation :
10 min

***

Ingrédients
pour 25 cl :

- 12,5 cl d'huile d'olive
- 12,5 cl d'eau de chaux (en pharmacie)

Le liniment oléo-calcaire

Le liniment oléo-calcaire est une émulsion naturelle efficace pour nettoyer le siège des bébés lors du change, en remplacement du lait de toilette. Il aide à prévenir l'érythème fessier, et permet d'hydrater la peau. Vendu en pharmacie, il peut également se réaliser à la maison.

Verser les ingrédients dans le bol d'un blender et mixer plusieurs minutes pour émulsionner la préparation. On obtient un liquide opaque et homogène. Verser dans un contenant de type flacon pompe ou bouteille, soigneusement nettoyé.

Avant chaque utilisation, agiter énergiquement le flacon puis imprégner un morceau de coton ou une lingette lavable, et nettoyer les fesses du bébé. Ne pas rincer.

Attention à manipuler l'eau de chaux avec précaution : pure, elle peut être irritante.

Le liniment oléo-calcaire maison se conserve 1 à 2 mois à température ambiante. Pour le faire durer plus longtemps, ajouter 1 c. à s. d'huile de germe de blé : celle-ci agit comme un conservateur.

Afin d'obtenir un liniment plus épais, faire fondre, au bain-marie, 1 c. à s. de cire d'abeille dans l'huile d'olive.

santé

Tout est Bon
dans l'huile d'olive
{beauté}

Les huiles aux fleurs

La macération dans l'huile d'olive permet aux plantes et fleurs médicinales de diffuser leurs essences et leurs bienfaits.

Mélanger les fleurs, parfaitement sèches, à une huile d'olive vierge extra, idéalement bio, à proportion d'1 volume de plante pour 2 volumes d'huile d'olive environ, de façon à ce que les fleurs soient entièrement couvertes.

Laisser infuser 3 semaines en remuant régulièrement, puis filtrer soigneusement. Ces huiles se conservent au moins 6 mois, à l'abri de la lumière et de la chaleur. Chacune a ses propriétés, associant les vertus naturelles de l'huile d'olive à celle d'une plante :

L'huile à la rose est excellente pour toutes les peaux, qu'elle hydrate et tonifie, et tout particulièrement les peaux sèches et sensibles. L'huile essentielle que contient la rose active la régénération des cellules. C'est un antirides naturel, et elle soigne les rougeurs. = > On fera infuser les pétales des fleurs.

L'huile à la camomille est anti-inflammatoire et antalgique : elle peut servir, tiédie, à masser les pieds douloureux et les articulations souffrantes. En massage le soir, elle favorise le sommeil. Elle atténue également les rougeurs

cutanées, et hydrate les peaux sèches et les dartres. = > On fera infuser les fleurs.

<u>L'huile à la lavande</u> est apaisante : 2 c. à s. dans l'eau du bain hydratent et détendent, de même qu'un massage avant le coucher. Les massages des zones à risques préviennent l'apparition de vergetures. En cas de maux de tête, un massage des tempes avec l'huile à la lavande calme la douleur. = > On fera infuser les fleurs.

<u>L'huile de millepertuis</u> est un excellent remède curatif en cas de brûlure légère, de piqûre d'insecte ou d'engelure. Elle est un antalgique naturel. = > On fera infuser les fleurs, mais aussi les feuilles et les branches tendres.

<u>L'huile de pâquerette</u> est efficace pour les soins des seins et du décolleté (tiède, en cataplasme, à laisser poser pendant 10 minutes avant de rincer) et la prévention des vergetures (en massage quotidien). = > On fera infuser les fleurs.

Pour utiliser des fleurs fraîchement cueillies, les faire sécher dans une pièce aérée, entre deux feuilles de papier absorbant, à l'abri du soleil, en les retournant quotidiennement. Les moins fragiles pourront être suspendues par la tige, tête en bas.

préparation:
5 min
application:
10 min
★★★

L'onguent
pour mains sèches

Ingrédients
pour 1 soin:

- 2 c. à s.
  de flocons
  d'avoine
- 2 c. à s. de
  jus de citron
- 1 c. à s.
  d'huile
  d'olive

Écraser les flocons d'avoine au mortier ou les passer au mixeur. Ajouter le jus de citron puis l'huile d'olive pour obtenir une pommade épaisse.

Donner aux mains un bain d'eau tiède à chaude pendant 5 minutes. Les sécher, puis les enduire de la préparation et laisser agir pendant 10 minutes. Rincer à l'eau tiède et sécher soigneusement.

Les mains produisent peu de sébum, cette sécrétion grasse qui hydrate continuellement la peau. Elles sont ainsi plus sensibles au froid, à l'air sec, aux agressions, alors même qu'elles y sont beaucoup exposées. L'huile d'olive constitue un soin nourrissant qui hydrate tout en aidant la peau à garder sa propre humidité. Les propriétés hydratantes et adoucissantes de l'avoine et du jus de citron viennent ici s'associer à celle de l'huile d'olive.

Excellentes pour les peaux sèches, les huiles à la rose et à la camomille peuvent se substituer avantageusement à l'huile d'olive dans cette recette (voir page 44). En cas de peau très sèche et craquelée, ajouter 1 c. à c. de miel (cicatrisant) et 1 jaune d'œuf (dont les vertus réparatrices viendront renforcer celles de l'onguent).

préparation:
2 min
application:
15 min
* * *

Ingrédients
pour 1 masque:

- ½ avocat
  mûr
- 1 c. à s.
  d'huile
  d'olive
- 1 c. à s.
  de jus de
  citron (ou de
  vinaigre de
  cidre)

Le masque adoucissant visage

Peler l'avocat, le déposer dans le bol d'un mixeur avec l'huile d'olive. Réduire en une purée homogène.

Protéger cou et cheveux, puis avec un pinceau, étaler la préparation sur le visage. Laisser agir pendant une quinzaine de minutes.

Rincer avec un verre d'eau tiède additionné du jus de citron ou du vinaigre. Éviter les yeux !

Idéal pour les peaux sèches, ce masque qui associe les acides gras et les vitamines de l'avocat à ceux de l'huile d'olive convient également aux peaux sensibles et normales.

À noter que la même préparation, plus diluée à l'huile, peut servir pour un soin des cheveux (voir avant-shampoing pour pointes sèches page 54).

préparation:
5 min

***

Ingrédients
pour 1 soin:

• 2 c. à s. de
gros sel
• 2 c. à c.
d'huile
d'olive

Le gommage pour pieds secs

Mélanger les deux ingrédients dans un bol. Au sortir du bain ou de la douche, masser chaque pied encore humide avec ce soin gommant, en effectuant des mouvements circulaires, notamment sur les zones les plus rugueuses.

Rincer à l'eau tiède à chaude, puis sécher.

Les cristaux de sel aident à débarrasser talons et plante des pieds des peaux mortes. Les propriétés émollientes du sel viennent compléter celles de l'huile d'olive, favorisant le gommage. La peau est hydratée par les acides gras bénéfiques de l'huile d'olive.

L'huile à la rose ou à la camomille, excellentes pour la peau sèche, peuvent ici remplacer l'huile d'olive (voir page 44).

préparation:
5 min
application:
30 min
★★★

Ingrédients
pour 1 soin:

- 1 jaune
  d'œuf
- ½ verre
  d'huile
  d'olive

L'avant-shampoing
pour pointes sèches

Avant le shampoing, mélanger le jaune d'œuf avec l'huile d'olive. Humidifier une serviette dédiée à ce soin, la faire chauffer sur un radiateur ou 1 minute au micro-ondes.

Appliquer le mélange jaune d'œuf-huile sur les pointes des cheveux. Enfermer dans la serviette chaude, laisser reposer pendant 30 minutes.

Procéder ensuite au shampoing habituel après avoir rincé le masque à l'eau tiède.

Huile d'olive et jaune d'œuf sont des hydratants puissants qui nourrissent les cheveux secs. La chair écrasée d'un demi-avocat peut se substituer au jaune d'œuf.

Pour des cheveux encore plus brillants, terminer le shampoing par un rinçage au vinaigre ou au citron.

préparation:
1 min
application:
10 min
* * *

Ingrédients
pour 1 soin:

- 1 c. à s.
  d'huile
  d'olive
- 1 c. à c. de
  jus de citron
  frais

Le massage renforçant pour les ongles

Mélanger les ingrédients, les faire tiédir dans le creux de la main.

Masser chaque ongle avec le mélange, dessus et dessous, puis laisser agir pendant 10 minutes. Rincer à l'eau tiède.

Pour les ongles très fragilisés, renouveler l'opération chaque jour pendant une semaine, en préparant le mélange quotidiennement (celui-ci ne se conserve pas).

Excellent pour les ongles cassants, cet onguent hydratant et fortifiant a aussi un effet blanchisseur grâce au citron.

Le massage profite également aux cuticules qui seront ramollies par l'huile, et aide à soigner les envies, ces pellicules de peau qui se détachent autour de l'ongle.

Tout est Bon
dans l'huile d'olive
{ maison }

3 soins
des matières naturelles

--------------------- Cuir ---------------------

Pour entretenir le cuir ou lui donner une seconde jeunesse, imbiber un chiffon d'huile d'olive et appliquer généreusement. Laisser agir quelques minutes puis passer un chiffon sec. Ce soin, qui convient aussi aux cuirs vernis, aura notamment pour effet d'assouplir les cuirs trop secs.

------------ Ustensiles en bois ----------

Avant toute utilisation, enduire d'un film d'huile d'olive saladiers et autres ustensiles destinés à un usage alimentaire à l'aide d'un chiffon. Cela permet de les rendre plus lisses et imperméables. Laisser imprégner, puis rincer à l'eau chaude additionnée de quelques gouttes de jus de citron. Par la suite, passer régulièrement un chiffon huilé après avoir lavé et séché l'objet.

------------------ Bois vernis ---------------

Pour nettoyer les meubles vernis tout en les faisant briller, humecter légèrement un chiffon d'un mélange fait d'une dose de jus de citron filtré pour deux doses d'huile d'olive.

Table des matières

L'éditeur et les auteurs remercient **Violaine Verry**
pour son apport graphique à la collection Tout est bon.

Des livres pour mettre à profit
les bienfaits de la nature
dans notre vie !

COLLECTION
tout est bon

Dans la même collection :

© Éditions Sud Ouest, 2012.
La photogravure est de ISOKEA à Anglet (33) – Ce livre a été imprimé par Soler (Espagne)
ISBN : 978-2-81770-184-4 – Éditeur : 33531.01.05.04.12

Découvrez toutes nos nouveautés sur www.editions-sudouest.cor